AF362731

INSTITVTION
DV IEVNE PRINCE, EN-
uoyée par Isocrates a Nicocles Roy de
Sycionie, sur l'administration
d'une Monarchie ou
Royaume.

On les vend a Paris, en la maison de
Chrestien wechel demourant en la rue
sainct Iacques, a l'escu de Basle. 1544
AVEC PRIVILEGE

Par le priuilege du Roy, signé De Launay, est octroié a Chrestien wechel, Imprimeur & Libraire iuré en l'uniuersité de Paris, donné ou present moys de Decembre mil cinq cens quarante troys: pour le temps & terme de troys ans, il luy est permis d'imprimer l'Institution du ieune prince: auecques certeines oraisons de Demosthenes, & Isocrates contenues audict priuilege. Auecques les deffences en telz cas requises a tous Libraires & Imprimeurs de ce Royaume, autres que ledict wechel, de non imprimer ne vendre lesdictz liures durant ledict temps de troys ans.

A TRESHAVLT ET TRES-
ILLVSTRE PRINCE ET SEI-
gneur, Monseigneur Henry Daulphin
de Viennoyz, duc de Bretaigne, & cæt.
Antoine Macault vallet de chambre ordi
naire du Roy, accroissemēt d'heur,
d'honneur & de felicité.

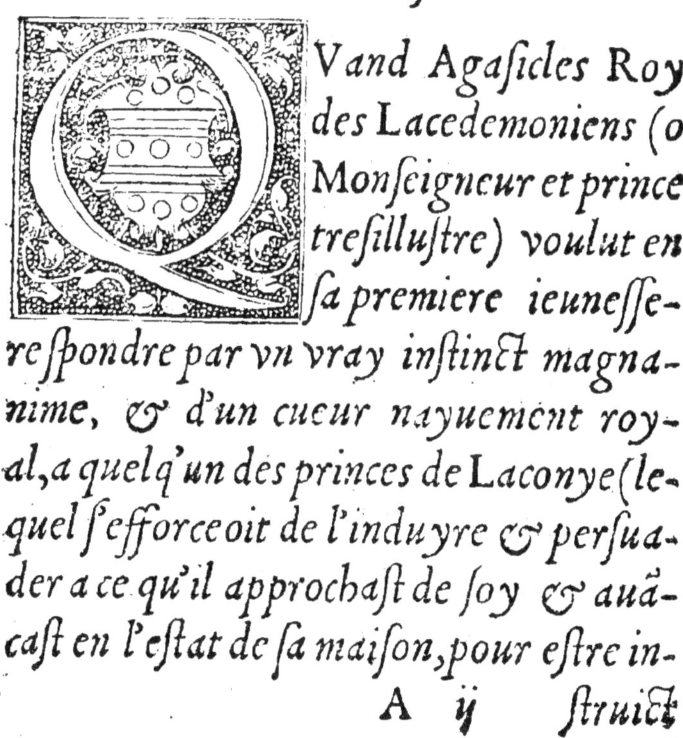

Vand Agasicles Roy
des Lacedemoniens (o
Monseigneur et prince
tresillustre) voulut en
sa premiere ieunesse-
respondre par vn vray instinct magnanime, & d'un cueur nayuemēt roy-
al, a quelq'un des princes de Laconye (lequel s'efforceoit de l'induyre & persua-
der a ce qu'il approchast de soy & auā-
cast en l'estat de sa maison, pour estre in-
A ij   struict

4

ſtruiſt es choſes dignes de Roy et de vertu, le philoſophe Philophanes, perſonnaige qui pour lors auoit lieu entre les meil
leurs & pluſeſtimez philoſophes) qu'il
vouloit ESTRE DISCIPLE DE
CELVY DE QVI IL ESTOIT
FILZ. Lediſt Agaſicles donna bien aſſez a entendre par cela, que l'eſgard, le
prix, & la generoſité du ſang treſilluſtre dont lon eſt produiſt, eſt bien plus a
conſiderer & poiſer (es choſes meſmemẽt
de ſi haulte dignité et grandeur) que nõ
pas l'eſtat, la condition, ny le ſauoir de
ceulx dont lon eſt inſtruiſt. Qui eſt la
cauſe ſeule & ſuffiſante que vous (mon-
ſeigneur) ne pouez ny ne deuez auoir,
prendre, ne mettre autre guyde ou exemple deuant les yeulx de voſtre eſprit
& entendement, ſinon la magnanimité
in-

inuincible, la heroique excellence, & les
actes vertueux de noſtre treſſouuerain
ſeigneur et maiſtre, le Roy Francoys pre
mier voſtre pgeniteur. Auquel fortune
n'a peu et ne pourra iamais oſter le nom
memorable de grãd et magnanime Roy:
quãd apres pluſieurs haultes choſes par
luy cõduittes, il a tant bien ſceu preuoir
et pouruoir a ſes affaires, et aux vaines
(combien que grandes) entrepriſes, des
Flamens, Hannuyers, Brebancons, &
Ardenoyz, et auſſi des Italiẽs, Lãſque-
netz, Eſpaignolz, & Angloyz ſes enne-
myz, l'aſſaillans de toutes partz, qu'il eſt
demouré victeur et maiſtre en treſhaulte
ſublimité, nõ de ſon Royaume ſeulemẽt:
mais de pluſieurs payz reuniz et cõquiz
expoſãt cõtinuellemẽt ſa maieſté royalle
a la deffence et ſeureté de ſes Royaume.

A　iij

ſei-

8

seigneuries, & subiectz. En quoy vostre
tresillustre & souueraine excellence n'a
voulu aucunement deffaillir: mais y estre
presente, côme pour dôner certein exerci
ce et cômencemêt a la dignité et fortitude
du couraige paternel qui se pduyt et ex-
alte en vous treshaultemêt. Mais quoy?
pourroit on aussi lire es anciênes ou recê-
tes histoires, ne moins êcores côsiderer es
presentes, filz tant illustre de Roy tres-
auguste et tresbô, qui plus se doyue esuer
tuer a soy faire imitateur & successeur
autant de la vertu & magnanimité paternelle, comme de ses successions & he-
ritaige? ny sêblablement maiesté de Roy
pere qui tant se puysse esiouyr de tel successeur & filz digne de luy? lequel en
toutes choses de gloire, d'honneur, & de
perfection s'efforce & esuertue de le re-
presen-

prefenter & enfuyure? ainfy que vous
(Monfeigneur)en donnez non feulemēt
l'efperance: mais la mefme certitude ℰ
euidence, non feulement en femblăce de
beaulté & taille naturellemēt humaine:
mais aufsi de bonté et maiefté diuinemēt
royalle. Laquelle eft de tant plus a preferer a l'autre,cōme plus font dignes les
biens de l'ame, ℰ de Dieu,que ne font
ceulx du corps,& de nature.
Eftans lefquelles chofes ainfy,ℰ moy en
volunté(comme voftre trefhŭble et tref-
obeiffant fubiect ℰ feruiteur) de vous
offrir quelque don ℰ prefent qui vous
peuft eftre aggreable, et de recreation a
ceftuy voftre retour de Haynault ℰ du
duché de Luxembourg,en ce prefēt moys
de Nouembre mil cinq cēs quarăte trois,
iay certes lōguemēt & a bon droict efté

en

A   iiij

en suspens de vous oser desdier & offrir
vn petit liuret de Isocrates, pieça tra-
duict par moy, lequel il adreſſa anciéne-
ment au Roy de Sycionie Nicocles, pour
l'inſtruire ſur la forme & maniere qu'il
auoit a tenir pour bien & heureuſemẽt
cõduyre l'eſtat & Monarchie de ce petit
royaume la. En ſuſpens dis ie, d'autãt
que vous (mõſeigneur) ſourion treſſru-
ctueux d'arbre ſi fertile & tant eſtimé,
na'uez beſoing (comme dict eſt deſſus)
d'aucune autre inſtitutiõ que du mirouer & exẽple paternel, auec voſtre naturel & tant royal inſtinct. Mais apres a-
uoir debatu l'un & l'autre diſcours du
faire ou du differer, cela meſmes qui de
primeface me diuertiſſoit, m'a finablement aduerty de la vous preſenter & a-
dreſſer: affin meſmemẽt que recogneuſ-
ſiez

ſiez ou parãgon du liure ¶ du mirouer,
combien myeulx ſont conduittes par l'ef-
feĒt en ceſtuy Royaume treſheureux,
que deſduittes par eſcrit en ce parche-
myn, les choſes par leſquelles ſe cõfirme,
ſ'eſtend, & accroiſt la Monarchie treſam
ple d'un tant glorieux ¶ inuincible ſce-
ptre, ¶ auſſi de quelles vertuz vous
vous deuez ſentir herité ¶ doué de ce
coſté la .IoinĒt dauantaige que tout ainſi
cõme Xenophon,en ſon liure intitulé Pe
dia Cyri,n'a pas eſcrit au vray telle que
fut la iuneſſe ¶ premiere nourriture du
Roy de Perſe Cyrus:ains la ya pluſloſt
painĒte telle qu'elle doit eſtre en tout
ieune prince.Sẽblablemẽt ainſy que Pla
ton es liures de ſa republicque n'a pas
declairé quel eſtoit le gouuernemẽt et po
lice d'Athenes ou d'autre cité:mais quel

il

il deuroit eftre la & en toute bonne ad-
miniftration Democraticque ou Arifto-
craticque. Ainfy certes noftre Ifocrates
(qui femble bien auoir efté comme Roy
entre les philofophes, ou côme bon Phi-
lofophe entre les Royz) n'a pas feulement inftruict fon Nicocles Sycionien en
l'eftat Monarchal: ains a pluftoft efcrit,
& (comme s'il euft efté prophete) predict
a la verité vne bonne partie des fingu-
liers moyens, grãdes preuoiances, et magnanimes effortz, qui ont efté & font
encores par chafcũ iour gardez, confide-
rez, & entrepriz, par la treffacrée maiefté du Roy voftre progeniteur noftre
treffouuerain Seigneur & maiftre, a la
conferuation, exaltation, & accroiffe-
ment, de fon eftat & Monarchie.
Or Monfeigneur, encores qu'ayez efté
perfon-

perſonnellemẽt occupé eſdittes entrepriſes, expedition, & voiages, & aux alar-
mes, aſſaulx, et effeĉtz belliqueux q̃ ſ'y
rencontrent: il vous plaira neantmoins
receuoir humainemẽt & de bon oeil le-
diĉt Iſocrates en Francois. Lequel pour
les cauſes ſuſdittes, & en cõgratulant a
ceſte voſtre magnanime vertu & excellence, ie ſuys incité deſdier, & vouer a
voſtre treſexcellẽte, & treſilluſtre ſublimité, laquelle vueille Dieu maintenir et
garder en toute grandeur & exaltation de gloire & honneur. Pour apres les
lõgz et bienheureux ans de la S. R.M.
du pere, vous monſtrer aux peuples &
ſubieĉtz qui vous eſcherrõt, diſciple (ain
ſy q̃ diſoit iceluy Agaſicles Roy de Spar-
te) de celuy de qui vous eſtes filz, & en
ce faiſant autant imitateur admirable

de

de ſa haulteſſe & vertu, comme icelle di-
uine prouidence vous a voulu deſigner
& eſlire ſucceſſeur heredital des terres,
payz, & Royaume a luy ſubiectz : au
grand ſoulagement de France, repos de
la Chreſtienté, & exaltation de
noſtre ſaincte foy, & du
treſſainct nom de
Dieu.

INSTRVCTION DV PHI-
LOSOPHE ISOCRATES, EN-

uoyée a Nicocles Roy de Sycionie, ſur
l'adminiſtratiõ d'une Monarchie ou Royaume. Miſe de Latin en Frãcoys p l'eſleu
Macault, ſecretaire & vallet de
chambre ordinaire du Roy,
ſur la traduℸiõ Lati-
ne de Eraſme.

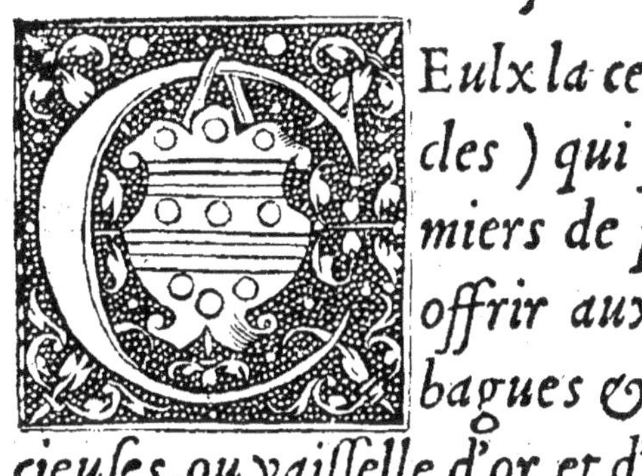

Eulx la certes (o Nico
cles) qui ſont couſtu-
miers de preſenter &
offrir aux Royz ou
bagues & pierres pre
cieuſes, ou vaiſſelle d'or et d'argẽt, ou au
tres telles choſes ſumptueuſes & riches
(deſquelles tout ainſy qu'ilz ẽ ont diſette
& indigẽce vous princes & Royz en a-
uez abondance & opulence) me ſemblẽt
bien

bien traffiquer ouuertement, & faire
vn vray acte & tour de marchant. Et si
veoyōs qu'ilz ne donnēt point telz pre-
sčtz:ains les vēdent p̄ vne trop plus des-
guysée auarice que ne font les marchās
mesmes qui viuēt de telle vaccatiō. Mais
quāt est a moy, i'estime ce don la & present treshōneste, & quant & quant vtile:& lequel aussi il est grandement seant
& a moy de le te donner & offrir, &
a toy de le prendre & receuoir, si ie
te puys mettre par escrit & par memoire les choses qu'il est bon de faire ou fuyr, pour bien administrer & conduire,
tant l'estat d'un sien Royaume, cōme de
la publicque & priuée vtilité des subiectz & peuples qui y sont. Car il n'est
pas d'un Roy & grand prince, cōme du
commun peuple & priuez personnaiges
d'un

d'un Royaume, pour rendre & faire lef-
quelz plufciuilz & mieulx côditionez,
il eſt être autres choſes requis et neceſſaire qu'ilz ne ſoiët poït premieremêt trop
exceſſifz & abandonnez aux voluptez
& delices:mais côtrainctz de trauailler
iournellement pour le ſoing de leur meſ-
nage, & des choſes qui leur ſôt neceſſai-
res.Secôdement, qu'ilz ayent loyx et or-
dônances eſcrittes, ſelô leſquelles ilz ſoient regiz & gouuernez.Et finablement
auſſi que chaſcun d'entreulx ayt liberté
d'inſtruire & aduiſer ſon pchain:et qu'il
ſoit permis autant aux amyz de ſ'entre-
corriger & reprendre quand ilz ſôt &
cômettent quelque faulte,côme aux ëne-
myz de ſ'accuſer & pourſuyure l'un l'au
tre,ainſy que pluſieurs poëtes et autres
qui ont anciennemêt eſcrit,nous ont laiſ-

ſé

ſé les commandemens & inſtruEtions de
cecy par leurs œuures & traiEtez. Mais
eſt bien tout le contraire d'iceulx princes & grandz Royz: car d'autant que
plus ilz auroiĕt beſoing d'eſtre bien ĩfor
mez & aduertiz de toutes choſes, apres
qu'ilz ſont puenuz a la courõne, d'autãt
moins ont ilz pſonnaiges aupres d'eulx
qui ſe deſdiĕt a ce faire: tant pource que
peu de gens ont accéz a eulx, comme auſ
ſi pource que leurs domeſtiques & fami
liers ne leur tiennent propoz que de cho
ſes plaiſantes, & qui les deleEtĕt. Et a ce
moyen pluſieurs Royz ainſy paruenuz
a la ioyſſance & poſſeſſion de pluſieurs
richeſſes treſgrandes, & a l'adminiſtration ſouueraine de toutes choſes, ont
eſté cauſe (vſans mal de leur dignité) que
pluſieurs ſont en doubte, laquelle des
deux

deux vies eſt plus a deſirer & eſlire, ou
la vie priuée quiſe meine doulcement
& paiſiblement : ou la grande authorité & excellence des Royz . Car quand
lon meſure leurs honneurs, leurs richeſſes, & leur puiſſance, on les eſtyme lors
du tout ſemblables aux Dieux. Quand
lon conſidere auſſi leurs paours & leurs
dangiers, & que toutes choſes contre-
poiſées, lon trouue qu'aucuns d'eulx ont
eſté meſchammẽt deffaictz par leurs pa-
rẽtz meſmes, ou autres perſonnaiges qui
ne le deuoient point faire par raiſon, les
autres forcez & contreinctz faire le ſẽ-
blable de leurs familiers & amyz, &
meſmemẽt cõtre leurs propres parentz:
et ſi en a eſté quelques vns auſquelz l'un
& l'autre de telz cas eſt aduenu, lon
iuge par cela tout au contraire, qu'il eſt

B

beau-

beaucoup meilleur ſuyure quelcõque autre moyen ᷡ facon de viure que auecques telz inconueniês et malheurs, tenir
le plus ſouuerain lieu, voyre ᷡ feuſt ce
l'eſtat de toute l'Aſie.   Mais certes telz
changemens auſſy ᷡ telles deffortunes
ᷡ troubles, ſont aduenuz de ce que lon
a eſtymé que la dignité de Roy (laquelle
eſt entre toutes les autres choſes du mõ-
de la pluſgrande, ᷡ la ou il eſt plus beſoing de perſonnaige ſaige ᷡ aduiſé) eſt
de ſoy autant propre & bien ſeante a
tout homme, comme pourroit bien eſtre
l'office et eſtat de prelature ou de pre-
ſtriſe. Et pource le vray office de ceulx
qui ſont ordinairement nourriz aupres
de toy, eſt de te cõſeiller & aduertir par
le menu, quel moyen tu doys ſelon ton
deuoir, tenir a la conduitte ᷡ adminiſtration

ſtration de toutes choſes occurrantes
particulierement: ſoyt a ſuyure & com-
mander les bonnes, ou bien a fuyr et con-
damner les mauuaiſes. Mais quant a la
generalité, ie mettray peine a te faire ẽ-
tendre icy quel chemin & façon de viure tu doys garder: et en quelz affaires
& occupations tu te doys exerciter.

Or n'eſt il pas bien ayſé de cognoiſtre deſmaintenant, ſi ceſtuy mien pre-
ſent & don (quand il ſera paracheué)
pourra correſpondre a ſon argument &
entreprinſe: d'autant que pluſieurs liures & œuures ont eſté par cy deuant
commencez tant en ryme comme en pro-
ſe, leſquelz eſtans encores dedans l'e-
ſprit & entendemẽt de l'autheur, don-
noient grande eſperãce de ſoy: et touteſ-
foys paracheuez depuys & mys en eui-
B ij   dence

dence, rabatoient beaucoup de l'opinion
que lon en auoit au parauant conceue.
Touteffois cestuy myen effort & la-
beur deura aucunement estre prisé &
estymé si nous cerchons les choses qui
auront esté obmises par les autres escri-
uans, y pouons bien rediger par escrit
la maniere de saigemēt gouuerner l'estat
d'une Monarchie & Royaume: d'autāt
que (sans point de faulte) ceulx qui in-
struisent et enseignent les personnes priuées, prouffitēt a ceulx la tant seulemēt:
mais si quelqu'un incite et appelle a vertu ceulx qui ont l'authorité & pouuoir
sur toute la cōmunité, il porte grād prouf
fit & aux vns & aux autres: tant a
ceulx qui vsent du souuerain commande-
ment, comme aussy a ceulx qui portent
la subiecte obeissance, veu que tout par
vn

vn mesme moyen, il rend le regne de ceulx
la, plusasseuré et plusstable:& le trai-
ctemét de ceulx cy, plusdoulx et plussup-
portable.

Si doncques nous establissons bien le
chef et la force de nostre present œuure,
nous en pourrons mieulx (regardans de
la) parler de tous les autres membres et
pties. Si m'est bien maintenát aduis qu'il
n'est hôme viuant qui voulsist nyer, que
le vray office et deuoir d'un Roy ne soyt
de mettre fin a tous les maulx & incon-
ueniens de la republique de ses subiectz:
a garder et deffendre la commune felici-
té:et a la faire et rédre dc petite plusgrá,
de et pluspuissáte, d'autát que toutes les
autres choses qui suruiennent iournelle-
mét es affaires priuées, se doyuent faire
et entreprédre pour la fin dessusdicte.Et

B iij   si est

ſi eſt auecques cela tout notoire & certein, qu'il ne fault pas que ceulx qui
vouldront ſe conſeiller & prendre aduis
ſur telles choſes, & en entreprendre la
charge, ſoient negligens ne puſillanimes:
mais doiuent tendre a çela & ſ'y per-
forcer et eſuertuer tout oultre, qu'ilz pu
iſſẽt ſurmonter et oultrepaſſer les autres
hommes de prudẽce & bon conſeil: d'autant que c'eſt bien choſe aſſez prouuée et
cognuë, que tel ſera le regne & eſtat
des Royz, comme ſeront les occupations
& exercices de leur entendement. Et
pource n'eſt il point tant conuenable a
vn ieune ſouldard et hõme de guerre, de
ſ'exerciter & adeſtrir le corps, comme
il eſt a vn prince de exerciter & edifier
ſõ eſprit. Car les riches ioyaulx & priz,
que lon propoſe aux tournoyz et autres
eſbatz

esbatz publicques, ne sont a cõferer aucunement a ceulx qui vous sont tous les
iours (o Royz trespuissãtz) miz et repre
sentez deuant les yeulx. Parquoy cõside-
rãt ce que dict est, il est besoing que tu te
efforces de surmõter autant les autres en
vertu & prouesse, cõme tu les oultrepas-
ses en preeminẽce & authorité. Et si ne
fault pas que tu pẽses qu'il soit bõ d'user
de soing et de diligence en toutes autres
choses, & que mettre peine de soy faire
meilleur & plusexcellent, soit cas de petite importance: ne semblablemẽt que tu
condamnes les hommes a estre si mal-
heureux qu'ilz puissent auoir inuẽté plusieurs artz et facõs de faire, par lesquelles ilz se sont trauaillez a cognoistre le
naturel des bestes sauuaiges, et a les rẽ-
dre plus faciles a obeyr & mieulx ap-
B iiij   priuoi-

priuoiſées,et que nous ne puiſſions por-
ter a nous meſmes ceſt auātaige, de nous
ſauoir inſtruire pour paruenir a la vertu : mais fault que tu iuges au contraire,que l'inſtitution et le ſoing peult grā-
dement prouffiter a la magnanimité ☞
grandeur du courage. Si eſt beſoing que
de tous ceulx qui viuent auecques toy,
tu approches touſiours de toy les pluſſaiges: ☞ que d'ailleurs tu en appelles
encores d'autres le plus que tu pourras.
Et ne pēſe pas que tu doyues eſtre igno-
rāt des lectres d'aucūs poëtes,ne philoſo
phes: mais fault que tu entēdes ceulx la,
et que tu enſuyues ceulx cy. A ceſte cauſe metz peine de te faire tel que tu puiſſes eſtre iuge ſur les inferieurs en ſauoir: ☞ egal ou imitateur des ſuperi-
eurs. Car par telz exercices tu te feras
bien

bien toſt tel perſonnaige, quelz nous entendõs deuoir eſtre les princes et Royz, qui bien & droictement ſachent adminiſtrer l'eſtat de leur Royaume & potẽtat: & gouuerner (ainſy qu'il appartient) le faix, la charge, & le bien de toute la republicque.

I

Auant tout œuure doncques, ediffie toy tellemẽt, que tu te puiſſes conſeiller toy-meſmes: d'autant que tu cognois n'eſtre pas raiſonnable que les gens de bas ſauoir ſoient en authorité & dignité preferez aux pluſexcellẽtz, ne les eſtourdiz & folz, aux pluſſaiges & aduiſez. Car autãt cõme plus tu auras a deſdain l'imbecilité et ignorãce des autres, d'autant plus ſeras tu diligent & ſoigneux de aorner tõ eſprit des choſes meilleures

& plus

et plus vertueuses. Et pource est il certes bien necessaire que ceulx qui veulent dignement & auecques louenge tenir vn Royaume & gros estat, prenent
d'icy leur fondement total.

2

Oultre ces choses, est il encores necessaire que le prince soit amateur de ses
subiectz, & de leur prouffit & commo-
dité : car il n'est pas possible que aucun
homme viuant puisse bien gouuerner ne
chiens, ne cheuaulx, ny hommes, ne quelconque autre chose, s'il n'y prend plaisir.

3

Metz peine d'accroistre, multiplier et
augmenter le nombre de tes subiectz : &
tends sur toutes choses a ce que ton regne soit tel sur eulx, que tu leur demeu-
res aggreable, & bien voulu : ne igno-
rant

rant point que tout ainſy comme es autres republicques, auſſy en celle qui eſt
gouuernée par Oligarchie (c'eſt a dire
par vn petit nombre de citoyens, es mains
deſquelz eſt le ſouuerain gouuernement
ſur toutes choſes) celles ont eſté de pluſ-
longue durée , qui plus ont eu eſgard
& cõſideration a la multitude. Laquelle
ſera lors par toy bien conduitte & mo-
derée , quand tu ne permettras point
que l'un face iniuſtice a l'autre, ne que
aucun des citoyens demoure iniurié.
Bien fault il regarder, que les honneurs
& recompences ſoient faittes aux bons,
& a ceulx qui en ſont dignes: mais cela,
de ſorte que les autres n'en ſoient aucunement offenſez. Car cecy certes eſt
vne des principales & pluſgrandes con-
ſiderations, que lon doyue auoir au gou
uerne-

uernement & adminiſtration d'une republicque. 4

S'il y a quelques loix, ordonnances,
ou couſtumes entre tes ſubiectz, qui
ne ſoient ne bonnes ne tolerables, oſte
les, ou les refforme: et en les changeant,
pren bien garde ſur tout, de les faire les
meilleures que poſſible te ſera: ou ſi tu
n'y peuz paruenir ſelon ton intention,
enſuy les bonnes conſtitutions en cela, de
tes voyſins & predeceſſeurs. Et aduiſe
bien qu'elles ſoient generalement et bonnes & prouffitables a tes ſubiectz: &
qu'elles ſe conforment entre elles, pour
euiter a la pluralité des procés: & quant
& quant pour bien toſt faire decider
ceulx qui ſur ce pourroient eſtre meuz et
intentez. Car tout cela ſont choſes re-
quiſes & neceſſaires a bien eſtablir &
con-

conſtituer ordonnances & loix: l'obſer-
uance deſquelles doit eſtre prouffitable
aux ſubieċtz: & le traffic & communi-
cation des eſträgiers dommageable: affin que non ſans cauſe ilz fuyent & eui-
tent ceſtuy cy, & qu'a bon droiċt ilz o-
beiſſent a l'autre pluſuoluntiers.

§

Quand tu vouldras vſer de l'office
de iuge ſur le different de tes ſubieċtz,
garde bien que ton iugement ne ſoit ne
fauorable ne repugnant en ſoy: mais en
cauſes & procés ſemblables, ſoit touſiours la ſentence pareille & de meſmes.
Car tout ainſy qu'il eſt & raiſonnable
& neceſſaire que les loix, et ordoun̄aces
ſoient bien faiċtes & bien eſtablies, ainſy doyuent eſtre de droiċt les ſenten-
ces des Royz certeines & immuables.

Gouuer-

6

Gouuerne la commune & publicque
vtilité de tes subiectz, comme vne vraye
maison paternelle.

7

Monstre toy en aornement & vestu-
re qui soyt vrayement magnifique et digne de Roy: mais aussy en l'execution
de tes affaires si soigneux & diligent,
que tu en apparoisses par vn mesme
moyen, & riche & louable.

8

Ne fay point tes sumptuositez &
magnificēces en nulle de ces choses qui se
passent et oublient incōtinant: mais tant
en celles dōt nous auons parlé cy dessus,
comme en l'accroissement, fortification,
& seureté de tes seigneuries: ensemble
en bienffaictz et recompences enuers tes
serui-

ſeruiteurs & ſubieĉtz: d'autant que ce
ſont deſpences qui demeurent non ſeulement a toy: mais porteront auſſy a tes
hoirs & ſucceſſeurs prouffit pluſgrand,
que la valeur des choſes que tu y auras
employees.

9

En ce qui concerne l'adoration & la
creance de dieu, enſuy du tout ce qui en
a eſté eſcrit & obſerué par tes predeceſſeurs. Et te ſouuienne treſbien, qu'il n'eſt
nul tant ſainĉt, ne ſi bon ſacrifice ou o-
blation a Dieu, que ſoy rendre, preſenter et offrir iuſte, pur, & net: car certes
il eſt biē a eſperer que telz princes obti-
endrŏt pluſfacilemēt de Dieu par leurs
oraiſons et prieres quelque choſe raiſonnable & iuſte, que ceulx la qui pour
eſtre exaulcez, ne luy offrēt autre choſe
qu'un

qu'un grand nombre de victimes & ho-
sties.   10

Donne les principaulx offices et honneurs, a tes meilleurs seruiteurs, aux
plusueritables, et aux plusaffectionnez.

11

Pense qu'il n'est aucune plusseure garde de ton corps, qu'auoir des seruiteurs
vertueux & magnanimes, & des subiectz bien vueillans & obeissans: &
quant & quant se cognoistre soymesmes
prudent & experimenté. Car ce sont
choses par lesquelles on peult expresse-
ment acquerir & garder vn Royaume.

12

Regarde soigneusement aux prouffit
particulier de tes gentilz hommes &
subiectz, cognoissant que tout ainsy
que ceulx d'entre eulx qui par leur in-
dustrie

duſtrie & bon gouuernement augmen-
tent leur reuenu, adiouſtent auſſy a ton
dõmaine, ainſy ceulx qui par leurs pro-
digalitez deſpendent exceſſiuement leur
bien propre, en diminuent & rabattent
autant du tien. Car quelconque bien,
ſeigneurie, ou reuenu que tiennent les
priuez ſubiectz en vn Royaume et pa-
ys, il eſt certes le propre reuenu &
vray domaine du prince, qui bien fait
adminiſtrer & gouuerner ſon eſtat.

13

Soys par tout le temps de ta vie
tant amateur & obſeruateur de verité,
que lon adiouſte pluſtoſt foy a ta ſimple
parolle et promeſſe, qu'aux grandz ſer-
mentz & iurementz des autres princes.

14

Donne ſeur accés & ſaufconduyt a
C   tous

tous eftrangiers: & fay que tes ordonnances leur foient entretenues & gar-
dées en leur negociatiõ et traffic. Et au-
furplus, entre iceulx eftrangiers qui
te vouldront vifiter, tien compte non de
ceulx qui te font des dons et prefentz:
mais de ceulx qui en veulent bien prendre de toy. Car fi tu eftymes ceulx cy,
toutes nations t'en priferont & hault-
loueront d'auantaige.

15

Chaffe la creinte du cueur de tes fub-
iectz: et ne vueilles point eftre redoubté
par ceulx qui font bien leur deuoir. Car
toute telle affection que tu declaireras
eftre en toy vers eulx, toute telle fera la
leur enuers toy.

16

Ne fay (comment que ce foit) aucune
chofe

choſe par courroux, ou en cholere: & ſ'il
t'en aduient autrement, dõne ordre qu'il
ſemble aduis a tes ſubieċtz que tu l'ayes
fait par la neceſſité du temps.

17

Monſtre toy iuſques la rigoreux & ſe-
uere, que tu ſaches tout ce qui ſe fait en
ton Royaume: & auſſy tellemẽt doulx
et pitoyable, que tes punitiõs ſoiẽt moindres que les offenſes : monſtrant par ce
moyen que la dignité & ſeureté d'un
eſtat, ne procede point de cruelles & ri-
goreuſes punitions : mais de ce que les
ſubieċtz ayent opinion de leur prince,
qu'il ſoit pour mieulx diſcerner, cognoiſtre, & eſtablir les choſes qui concernent
leur prouffit & ſeureté, qu'eulx meſmes.

18

Soys homme de guerre expert en
C   ij   l'art

l'art militaire, et en appareil d'armée: &
d'autre part tant pacifique , que tu ne
vueilles riens conquerir, sinon a iuste tiltre & a bon droict.

19

Traicte tes affaires et aliances auecques les autres princes et potentatz qui
ferõt moindres de toy, tout ainsy que tu
vouldroys que feissent auecques toy
ceulx qui te seroient plusgrandz & su-
perieurs.   20

Entrepren la guerre, non pour toutes
les querelles qui se pourront offrir: mais
pour celles la seulemẽt qui te tourneront
a prouffit & honneur si tu en rapportes
la victoire·

21

Estyme meschantz et lasches nõ ceulx
qui en bien faisãt ont esté veincuz: mais
ceulx

ceulx qui ont veincu auecques leur mauuais droiƈt.

22

Ne penſe point que ceulx la ſoient magnanimes, qui veulent acquerir plus de
terres qu'ilz n'en peuuent tenir & deffendre: mais ceulx qui en ſoy contentans
du moyen, peuuent cõtregarder et maintenir, ce qu'ilz obtiennent iuſtement &
a bon tiltre.　23

Iuge bienheureux & imitables non
ceulx qui ſans trauail ont grandement
accreu et eſtendu leur ſeigneurie et Em-
pire : mais ceulx la qui ſe ſont bien &
louablement portez es affaires qui leurs
ſont ſuruenuz.

24

Te ſouuienne que tu ne peuz pas acquerir la parfaitte felicité et le bon heur

par eſtre Roy, commandant ſur tout le monde auecques creinte & dangier de ta perſonne:mais par toy mõſtrer prince & perſonnaige tel que tu doys eſtre, & en faiſant que ſelon la concurrance & oportunité des choſes, tu donnes tel ordre a tes affaires, qu'au temps de la neceſſité tu te trouues pourueu de tout ce que te fera beſoing.   25

Receoy en ton ſeruice et en ta maiſõ, non tous ceulx qui vouldront y entrer: mais ceulx que tu cognoiſtras en eſtre dignes:& non encores ceulx auecques leſquelz tu pourroys viure a plaiſir, ains ceulx a l'ayde deſquelz tu pourras pluſ-ſeurement gouuerner l'eſtat & la republique de ton Royaume.   26

Soys diligent explorateur a cognoiſtre le naturel de ceulx que tu appelles
en l'eſtat

l'eſtat de ta maiſon: & te ſouuienne que
ceulx qui ne'n ſont point, te iugeront &
eſtymeront tel, comme ilz verront eſtre
tes ſeruiteurs domeſticques.

27

Aux affaires, entrepriſes, & charges
qui ne pourront eſtre executées par toy,
cõmetz y telz perſonnaiges, que tu puiſſes & doyues aduouer tiennes, les faultes qu'ilz vouldroient, ou pourroient y
commettre.   28

Ne penſe point que ceulx la te ſoyent
fidelz ne bons ſeruiteurs, qui te loueront
& priſeront en tous tes faiɛtz & diɛtz:
mais pluſtoſt ceulx la, qui te vouldroiët
aduertir quãd tu commettroys quelque
faulte.   29

Donne permiſſion & faculté aux ſa-
uans de parler franchement en ta pre-
C   iiij   ſence: af-

ce: affin que s'il entreuient quelque chose
dont tu soys en doubte , tu ayes aupres
de toy gens auecques lesquelz tu en puisses debattre & discerner.

30

Fay difference de ceulx qui s'estu-
dient a flatter & complaire , a ceulx
qui nayfuemēt te porteront bonne affe -
ction: affin que meilleure ne soit la condition des mauuaiz, que des bons.

31

Si tu escoutes ce que l'un de tes subiectz vouldra rapporter a l'encontre de
l'autre, metz peine de cognoistre quelz
sont les accusans, & quelz sont les accu-
sez
32

Condamne a semblable peine ceulx
qui faulsemēt accusent quelqu'un, cōme
eust esté l'accuse si on l'eust trouué coul-
pable

pable & conueincu.

33

Ne commande pas moins a toy qu'a tous tes subiectz: & te souuienne qu'a toy qui as souuerain pouuoir, il est plus-seant qu'a nul autre de ne seruir a aucune volupté ne plaisir: ains maistriser plustost tes affections & cupiditez, que tes subiectz.

34

Ne t'adonne point legierement, & & sans bien y auoir pensé a quelconque occupation ou passetemps que ce soit: mais t'accoustume de toymesmes a prēdre plaisir a telz exercices et deduictz, dont tu en puisses ressentir amendement en toy, & en apparoistre meilleur aux tiens.

35

Ne te glorifie aucunement auoir fait
chose

chose qu'un autre de soy vicieux pourroit faire: mais te delecte seulement en
fortitude & preudhommie: en laquelle
tu ne peuz auoir aucune chose commune auecques les meschans.

36

Mesure bien, que le vray hõneur n'est
pas celuy que lon fait publicquement a
vn prince: mais est celuy que les subiectz
luy font, quand ilz considerent & pen-
sent en eulx mesmes, plus sa grande vertu & magnanimité, que sa fortune.

37

S'il t'aduient de prendre plaisir a
quelque passetemps moins que honneste,
fay que cela soit en secret et priué: mais
s'il est question de quelque acte louable
& d'importance, conuocque a cela tout
ton peuple & tes subiectz.

Ne pen-

38

Ne penſe pas qu'il ſoit raiſonnable que tous ceulx d'un Royaume ſoient incitez et inſtruictz a viure ſoubz bonnes loix & ordonnances, & que le Roy ſeul puiſſe viure deſriglément : mais pluſtoſt metz peine que ta modeſtie ſoit exemple a toute la commune: cognoiſſant que les ſubiectz enſuyuent communémét les moeurs & cõditions de leurs princes.

39

Par cecy cognoiſtras tu que tu es Roy iuſtemét regnant, ſi tu trouues que par ton moyen & diligence, tes ſubiectz ſe font & pluſriches, et pluſobeiſſantz.

40

Efforce toy de laiſſer pluſtoſt a tes enfans, honneſte & bonne renommée de toy, que grandes & opulentes richeſſes: car

car cestes cy sont mortelles, celle la im-
mortelle: & par telle renommée peult
lon assembler grandz tresors: mais non
par les grandz tresors, telle renommée:
auecques ce que les richesses aussy eschè-
ẽt quelq; foys a ceulx qui ne le meritent
pas: mais la renommée ne se peult acquerir, que par ceulx qui oultrepassent les
autres en preudhommie & vertu.

41

Monstre en tes habillemens & pa-
reures de corps, quelque sumptuosité &
magnificence : mais en tes autres facons
de faire, vne modestie et attrempẽce telle qu'elle te soit bien seante & digne de
Roy: affin que tant ceulx qui te veoient
par dehors, iugent par le port & regard
de telz sumptueux aornemens, que
tu soys digne de la monarchie, comme
aussy

auſſy ceulx qui viuent en ta maiſon royalle (ſ'eſmerueillans ſur la grandeur &
fortitude de ton courage) demeurent en
meſme opinion de toy, que celle que les
autres en auront eue.

42

Conſidere touſiours ce que tu vouldras ou dire ou faire, affin que mieulx
tu te gardes de faillir. Bien eſt vray certes que le meilleur ſeroit de paruenir
iuſques au poinct de la perfection: mais
d'autant que c'eſt choſe trop difficile, il
vault mieulx demourer court, que d'oultrepaſſer le moyen: car plus approche du
moyen ce qui en eſt moindre, que ce qui
l'oultrepaſſe. 43

Pren garde de toy monſtrer par vn
meſme moyen, & graue & gracieux:
car ceſtuy la apartient a vn Roy: & ce-

ſtuy

ftuy cy eſt propre a la commune façon de
viure des hõmes. Combien que cecy eſt
l'une des choſes du monde la plusdiffi-
cile: d'autant qu'il aduient ſouuent, que
ceulz qui ſe veulent monſtrer graues et
ſeueres, ſont trouuez de peu d'effect: &
ceulx qui mettent peine a ſoy faire cour-
toyz, humains, et gracieux, ſen trouuẽt
quelque foys contemnez & meſpriſez.
Mais quãd tout ſera dit, ſi fault il que de
ces deux choſes tu vſes de ſorte, que l'im-
perfection de l'une & de l'autre, ſoit par
toy euitée.

44

Toutes les choſes qu'il eſt bien ſeant
a vn Roy de ſauoir, tu doys vouloir les
entendre: comme tu le peuz faire aiſé-
ment, partie par vſaige et accouſtuman-
ce, & partie par la philoſophie & eſtu-
de.

de. Car ceſte cy te monſtrera la voye σ
chemin a raiſon: et l'exercitation t'incite-
ra a haultement entreprendre.

45

Conſidcre bien que font tes ſubieƐtz
en particulier, σ les autres princes tes
voiſins, & quelle a eſté l'yſſue σ eue-
nemɇt de leurs affaires: car ſi tu as bonne ſouuenance des choſes paſſées, tu or-
donneras mieulx de celles qui ſont a ad-
uenir. 46

Croy qu'il n'eſt pas hõneſte que entre
tes particuliers ſubieƐtz il ſ'en trouue
pluſieurs, q̃ pour eſtre priſez et eſtymez
apres leŭr mort, ne reffuſɇt point le dã-
gier et peril de leur vie: et que les Royz
en leur endroiƐt, ne ſoiɇt point en ceſte
meſme volũté de ſ'addõner a choſes telles
et ſi magnanimes, qu'ilz en puiſſɇt (eulx
encores

encores viuantz) entrer en louange *&*
glorieuse reputation d'un chascun.

47

Pren garde a tellement laisser les ima-
ges *&* pourtraictures de ta semblance,
qu'elles te soient reseruées, plus pour la
memoire *&* souuenance de ta bonté *&*
prudence, que de ta beaulté *&* corpo-
rance.

48

Si te parforce oultre cela principale-
ment qu'auecques la seureté de ton sa-
lut, soit semblablement celuy de tes subiectz: *&* au surplus si la necessité te con-
treint iusques a la, desire mourir plustost
auecques gloire *&* louange, que viure
en reproche *&* deshonneur.

49

En tous tes faictz ayes consideration
& esgard en ton estat *&* Royaume: *&*
te gar-

te garde de faire chofe qui ne foit bien
feante & conuenable a ta dignité Royale.   50

Ne commetz point cefte faulte, que
toy mourant tu meures tout: mais ainfy
que ton corps eft mortel, & l'ame im-
mortelle, metz peine de rendre immor-
telle la fouuenance et memoire de ta vertu.   51

Souuienne toy de parler toufiours de
chofes honneftes: affin que accouftumé a
cela, tu faces ce que tu en diras.   52

Les chofes qui en ton confeil priué
auront efté trouuées bonnes & neceffai-
res, fay les executer & accomplir.

          53
Enfuy les faictz de ceulx defquelz
tu veulx eftre femblable en honneur,
gloire, & renommée.

          D   Fay

54

Fay les mesmes choses que tu vouldroys conseiller a tes enfantz.

55

Vse des aduertissementz que nous
t'auons donnez cy dessus, ou de meilleurs.   56

Estyme saiges & aduisez, non ceulx
la qui sans besoing s'entremettent a tenir
long propos de toutes choses tant petites
soient elles: mais ceulx qui des grandes
sauent donner leur opinion & aduis se-
lon la raison. Ne ceulx la aussy qui pro-
mettent le bon heur & la felicité aux
autres: et sont neantmoins trauaillez de
l'indigence & souffrete de plusieurs choses: mais plustost ceulx qui parlans so-
brement d'eulx mesmes, sont metables
en toutes compaignies, & employables a
la

la conduitte des affaires: et qui ne s'esto-
nent en rien pour vne commutation &
changemēt de vie: mais sauent prendre
tout ainsy la mauuaise fortune comme la
bonne.

Or ne t'esbays point si es enseignementz que nous t'auons mys cy dessus, il
en y a plusieurs que tu ne ignoroys poīt:
car aussy ne m'estoit il pas incogneu,
mais sauoye tresbien (d'autant qu'il est
si grand nombre de princes, & de gros
personnaiges aupres des Royz) qu'il y
en a eu plusieurs, qui ont dit ces mesmes
choses: autres qui les ont ouyes: autres
qui les ont veu faire: & des autres en-
cor qui eulx mesmes en ont fait la plus-
part. Mais aussy n'est il point de besoing
en ce qui concerne l'institution de bonne
vie, regarder a la nouueaulté des ensei-

gnementz: esquelz il n'est pas raisonna-
ble de mettre par escrit chose qui soit
incroyable ou nouuelle: ne qui soit eslon
gnée de la commune opinion des hômes.
Si doit pourtant cestuy la estre repputé
docte & treselegant, qui de telles choses
imprimées en l'opinion & iugement
de plusieurs, en peult de soy rapporter
& assembler vne bonne partie, & en
parler tresbiē. Ie sauoye bien aussy qu'il
a esté escrit plusieurs liures en prose, &
en vers, sur la facon & maniere de bien
viure, qui tous sont estymez fort vtiles.
Mais touteffoys si ne les oyt on point lire voluntiers. Et en aduient tout ainsy
comme de ceulx qui veulent corriger &
reprendre les faultes d'autruy, dont ilz
sont louez et estymez d'un chascun: mais
c'est de sorte, que ceulx la mesmes qui les
en

en prifent, ne fe veulent point pourtant
adreffer a eulx pour les oyr: ains aymēt
mieulx fuyure & frequenter la compai-
gnie de ceulx qui viuent mal, que de
ceulx qui les en veulent diuertir. Ce
qui fe peult ayfémēt prouuer par les œu
ures de Hefiode, de Theognis, et de Pho
cyllides: d'autāt qu'il n'y a certes homme
viuant, qui ne confeffe qu'ilz ont en leur
poëfie donné confeil trefbon, fur la maniere & bonne inftruction de vie de tous
les humains. Et touteffoys combien que
chafcun le confeffe ainfy, fi ayment ilz
mieulx complaire a leur propre legiere-
té & folie, que aux bons enfeignemētz
d'icculx autheurs: et fi y a bien plus, que
qui tireroit d'icelles poëfies les dictz mo
raulx qu'ilz appellēt fétences, auffy peu
de compte en tiendroient ilz : car (fans

point de faulte) ilz escouteroient plus-
uoluntiers vne farce ou sottye, que telz
enseignementz faitz auecques si grand
artifice. Mais quel besoing est il de s'ar-
rester a deschiffrer tout cecy par le menu? Quand tout sera dit, si nous regar-
dons bien aux intentions & voluntés
d'un chascun, nous trouuerõs que la plus-
part ne se delecte point des viandes qui
leur sont saines et prouffitables: ne des
ẽtreprises hõnestes, ne des occupatiõs tres
bõnes: ne des institutiõs et disciplines qui
leur sont vtiles: mais cõbatans de droict
fil contre l'utilité & raison, s'addonnent
du tout a suyure leurs popres voluptés
& appetiz. Si trouuerons encores qu'il
en est plusieurs qui ne fõt rien de tout ce
qui est requis a biẽ et honorablemẽt viure, lesquelz neantmois fõt estymez mo-
deftes,

deſtes, tẽperez, & bien experimẽtez.

Comment doncques pourrons nous complaire & eſtre approuuez par les hommes? ou en reprenant? ou en enſeignant? ou en parlant de quelque choſe prouffitable? veu que tout ainſy comme de ceulx la qui tiennent propos a telle maniere de gẽs, ilz en eſtymẽt ſimples et de neant ceulx qui en cela ſe monſtrent de petit & bas iugement, ainſy portent ilz enuye aux dignes et ſauãtz perſonnages: & ſi fuyẽt auecques ce tellemẽt l'intelligence & la verité des choſes, qu'ilz ignorent leurs affaires propres: & ſi s'ennuient quand ilz y penſent, prenans plaiſir a debattre & deuyſer de ceulx d'autruy.   Si ont encores ce mauuais uouloir, qu'il ayment mieulx que leurs affaires ſe portent mal, que

oy donner ceſte peine d'eſprit, de pen-
ſer a quelque choſe qui leur feuſt vtile &
prouffitable: et au demourãt en leur cõ-
mune façon de viure, tu les trouueras
touſiours ou mal diſans, ou mal faiſans.
Et encores quãd ilz ſont ſeulz, ilz ne pẽ-
ſẽt ny ne pourꝛoiẽt a leurs affaires: ains
ſ'occupẽt tãt ſeulemẽt a faire de beaulx
ſouhaitz . Mais quoy? ces choſes cy
ne ſont dittes pour tous: ains pour ceulx
la ſeulement qui ſont entachez de telles
negligences. Et pource eſt il tout euidẽt,
que celuy qui vouldroit ſ'employer deſ-
ormais a eſcrire ou faire quelque choſe
qui plaiſe au commun populaire, deuroit
vſer de propoz, non qui cõcernaſſẽt leur
prouffit, ſeureté & accroiſſemẽt: mais de
fables ioyeuſes & plaiſantz comptes:
d'autãt qu'ilz ſe delectent a les eſcouter:

& au

& au contraire ilz se faschent, quand on
leur figure les guerres passées , les mesmes trauaulx qu'on y a porté, & autres
telles choses . Et pour ceste raison est le
poëte Homere esmerueillable, & ces autres premiers inuenteurs de tragedies:
lesquelz cognoissans au vray le naturel
des hommes, ont gardé en leurs œuures
& poësies l'une et l'autre facon d'escrire.
Car tout ainsy comme luy a descrit en
ses fables, les gestes , haultz faictz, &
batailles des semidieux, & vaillantz
princes, aussy ont iceulx tragiques tellement desduit & approprié telles fables
aux guerres & autres actions humai-
nes, que non seulemēt nous les escoutons
voluntiers: mais aussy nous y arrestons
& y donnons quelque foy. Ainsy doncques par telz exēples est ilz assez prou-
ué,

ué, que ceulx qui vouldront complaire
aux auditeurs, se deuroient abstenir de
les aduertir ne conseiller en leurs affaires: mais seulement dire les choses qu'ilz
iugeroiët estre plusaggreables a toute la
multitude: ce que i'ay bien voulu certes dire ainsy succintemẽt, pource qu'il
m'a semblé tresconuenable, que toy qui
n'es pas comme priuée personne du peuple, mais Roy de tout le peuple, ayes
quelque autre opinion des choses que
n'a le commun populaire: & que tu ne
mesures pas la grandeur des affaires &
la dignité des hommes, par le plaisir que
tu prens a l'amytié que tu leur portes:
ains les estymes plustost par leurs meri-
tes & œuures vertueuses.

D'auantaige aussy pource que les
philosophes sont de diuerses opinions
quant

quāt a l'exercitatiō de l'esprit de lhōme,
disantz les vns, que ceulx qui se vouldrōt
addonner aux disputations & raisons
contradictoires, en deuiendrōt pluspru-
dentz et plus aduisez: les autres, que les
loix ciuiles et autres lectres parlantz du
gouuernement de la republique, sont a
preferer et eslire. Et les aucuns pēsantz
que cela mesmes aduient par la lecture
& intelligence d'autres liures & scien-
ces: pource aussy que sur tel debat il est
neantmoins notoire a vn chascun, qu' a
celuy qui aura esté bien instruict & bien
nourry, il est facile et de se cōseiller soymesmes, & de pouruoir aux occurrētz
affaires, par les choses dessusdittes il m'a
semblé estre (sans point de faulte) rai-
sonnable de venir (tous doubtes cessans)
droictemēt au but: et a ce que lon veoit
estre

eſtre tout certein & notoire. Combien
que ceulx la qui veulent bien ordonner
de quelque affaire, doyuent auant tout
œuure obſeruer & garder cecy, ſauoir
eſt, cõſiderer et poiſer en tout le diſcours
de leur entreprinſe, ce que le lieu, le
temps,et l'occaſiõ de la choſe meſmes re-
quierent. Laquelle choſe ſ'ilz ne peu-
uẽt bien accomplir,a tout le moins qu'ilz
reprennent & reiettent ceulx qui ne
parlẽt ſur la conduitte d'iceulx affaires
ſinon en general: car certes ilz n'y en-
tendent riens. Auſſy eſt il bien tout eui-
dent,que celuy qui ne peult eſtre vtile a
ſoymeſmes,n'a garde de rendre ne faire
les autres pluſaduiſez . Et pource fay
cas et cõpte de ceulx que tu cognoiſtras
preuoiãs et gẽs de cueur: et qui de pluſ-
loing regardent aux affaires publiques

que

que les autres. Et ſi les auãce, te ſou-
uenant qu'il ne'ſt entre toutes les grãdes
richeſſes et ſeigneuries, aucune choſe qui
ſoit tãt ꝓuffitable ne tãt Royale, que le
loyal ſeruiteur, qui ſoit pour biẽ et droi-
ɛtement re conſeiller. Et penſe auſſy que
par ceulx la qui plus peuuent te releuer
de peine, ⁊ mieulx porueoir a tes affaires, ſera tõ authorité Royale, et tõ Royaume fait pluſãple et pluſgrãd. Et au de
mourant, garde toy auſſy que les autres
dõt nous auons parlé cy deſſus, ne te viẽ-
nẽt point preſenter ne offrir ces dons &
preſẽtz accouſtumez ⁊ vulgaires, que
vous autres haultz Royz et grãds prin
ces achettez pluſcherement des dõneurs
que vous ne feriez certes des vẽdeurs.
Mais pluſtoſt telz preſentz, que toy vſãt
d'iceulx diligemment par chaſcun iour,
ſans

*ſans intermiſſion, tu accompliſſes non
ſeulement les choſes que pluſieurs autres princes tes ſemblables ont fait par
cy deuant, mais en puiſſes d'auantaige
executer et entreprendre de
pluſgrandes & pluſ-
magnanimes.*

FIN